W. Gruhler

WIRTSCHAFT UND TECHNISCHER FORTSCHRITT

I. Technischer Fortschritt als Wachstumsträger

1. Notwendigkeit der Produktivitätssteigerung

In den vor uns liegenden Jahren wird den aktiv Erwerbstätigen eine wachsende Anzahl von alten Menschen und Jugendlichen gegenüberstehen, die nicht mehr oder
noch nicht berufstätig sind. Anders ausgedrückt, das künftige wirtschaftliche Wachstum muß von einer immer kleineren Anzahl von Beschäftigten bewältigt werden bei
gleichzeitig rückläufiger Tendenz der Arbeitszeit. Wenn also durch ungünstige Altersstruktur, weitere Arbeitszeitverkürzung und eine vermehrte sowie teilweise ver-
längerte Ausbildung der Mensch unmittelbar nicht mehr viel an wirtschaftlicher Mehrausbringung leisten kann ohne überfordert zu werden, so muß es — soll die Wirtschaft nicht stagnieren — ein Rezept geben, dessen Anwendung dennoch zu Wachstum und damit zu einer weiteren Steigerung des Lebensstandards führt.

Dieses Rezept ist in der Tat schon seit der Entdeckung des Rades bekannt, zunehmend perfektioniert und angewandt worden. Es lautet: Ersatz bzw. Ergänzung der
menschlichen Arbeitskraft durch technische Hilfsmittel. Zwar läßt sich die Produktivität (= Mehrausbringung pro Zeiteinheit) auch durch die Erhöhung der Arbeits-
intensität (= Steigerung des Arbeitstempos) erreichen. Dieser Weg erreicht jedoch
sehr bald die physische Grenze, jenseits derer Leistungssteigerungen nicht mehr
möglich sind und Leistungsabfall die Regel wird. Auf Dauer sind Produktivitätssteigerungen und damit weiteres wirtschaftliches Wachstum nur mit Hilfe der Technik und
insgesamt immer leistungsfähigerer Produktionsverfahren, die pauschal als „technischer Fortschritt" bezeichnet werden, möglich.

2. Zweck des wirtschaftlichen Wachstums

Ehe wir uns im einzelnen näher mit den Arten des technischen Fortschritts und der
Diskussion um ihn beschäftigen, soll wenigstens noch kurz der Frage nach dem
Zweck des wirtschaftlichen Wachstums nachgegangen werden. Geht es uns, wenn
wir unseren Lebensstandard mit demjenigen unserer Großeltern vor 50 Jahren ver-
gleichen, im Grunde nicht schon recht gut?

Neben der materiellen Steigerung des Lebenskomforts ist doch schließlich die Arbeitszeit in dieser Periode von mehr als 12 Stunden auf weniger als 8 Stunden täglich
gesunken. Auch sind die Einkommen erheblich gestiegen, und ein immer größerer
Teil von ihnen läßt sich für die Anschaffung von weniger dringlichen Gegenständen
verwenden. Der Erwerb von Gütern des gehobenen Bedarfs, wie Auto, Fernsehgerät
und Kühlschrank bis hin zum Eigenheim, ist für eine zunehmende Anzahl von Arbeitnehmern erschwinglich geworden. Daneben haben Freizeit und Freizeitausfüllung
stark zugenommen. Millionen reisen während der Ferien in den sonnigen Süden oder
in andere Erholungs- und Urlaubsgebiete. So gesehen gehört für viele ein solcher
Fortschritt zur Selbstverständlichkeit. Sie fragen nicht nach seinen Ursachen und
Gründen. Manchen geht diese Entwicklung noch nicht einmal schnell genug.

Andere stehen dieser Entwicklung skeptischer gegenüber und weisen auf die Ge-
fahren ungehemmten Wachstums für Naturschätze und Umwelt hin. Wieder andere
glauben, daß bald die Grenze der Bedürfnisse nach materiellen Gütern erreicht sei

und plädieren für eine stärkere Förderung des kollektiven Konsums, wie der Ausdehnung der staatlichen Leistungen im Gesundheits-, Ausbildungs-, Verkehrs-, Sport-, Kulturwesen, im Städtebau und Umweltschutz.

Wenn es auch, sollen einzelne Bevölkerungsgruppen nicht benachteiligt werden, niemalso ohne Kompromisse abgehen wird, so können im Grunde die unterschiedlichsten Anforderungen zwar nicht auf einmal in einer wachsenden Wirtschaft, aber doch nach und nach am ehesten befriedigt werden. Denn, zum einen werden mit steigendem Lebensstandard und persönlicher Wahlfreiheit ständig neue materielle Bedarfsgüter entdeckt und auch von der breiten Bevölkerung nachgefragt nach der Devise: die Luxusgüter von heute sind die Massenkonsumgüter von morgen. Denn schon heute gibt es eine verhältnismäßig schmale soziale Schicht, die bereits über die voraussichtlich einmal erreichbare Einkommenshöhe des Durchschnittsbürgers im Jahre 2000 verfügt. Kaum ein Mitglied dieser Spitzengruppe würde jedoch die Ansicht vertreten, daß alle seine Konsumwünsche schon heute restlos erfüllt seien.

Die anderen, die sich mit Recht verbesserte Umweltbedingungen, wie reinere Luft, sauberes Wasser und einen geringeren Lärmpegel wünschen, können darauf auch nur dann mit Erfolg hoffen, wenn entsprechende Produktivitätsfortschritte gelingen, um die enormen umweltschutzbedingten Mehraufwendungen finanzieren zu können. Das gleiche gilt für die Befürworter eines stärkeren staatlichen Engagements in den nicht privatwirtschaftlich betriebenen Bereichen. Auch der Staat hat einmal aufgenommene Schulden zurückzuzahlen und kann daher im Grunde nicht mehr ausgeben als er über die Steuern hereinbekommt. Bloße Anhebungen der Steuersätze schaffen hier keinen Ausgleich. Denn abgesehen davon, daß Steuererhöhungen generell unpopulär sind, wirken sie ab einer gewissen Höhe nicht mehr leistungssteigernd und können damit gerade zum gegenteiligen Ergebnis, nämlich dem Leistungsabfall, führen. Demgegenüber sprudeln in einer produktiven, wachsenden Wirtschaft die Steuerquellen reichlicher, was die Bewältigung der staatlichen Aufgaben naturgemäß erleichtert.

Nur in einer wachsenden Wirtschaft lassen sich daher die quantitativen und qualitativen Wünsche der einzelnen Gruppen an das Sozialprodukt befriedigen, wobei die Wirtschaftspolitik gehalten ist, Überforderungen der einzelnen Gruppen in Grenzen zu halten und sachgerechte Kompromisse zu finden. Auf der einen Seite gilt es weiter, die materiellen und qualitativen Lebensbedingungen auch der weniger oder überhaupt nicht mehr Leistungsfähigen zu verbessern, andererseits muß die Aufrechterhaltung des Leistungswillens und der internationalen Wettbewerbsfähigkeit im Auge behalten werden. Denn die mangelnde internationale Wettbewerbsfähigkeit einer stark mit dem Ausland verflochtenen Volkswirtschaft verhindert nicht nur den sozialen Fortschritt, sondern bringt auch den bereits erreichten sozialen Standard in Gefahr und bereitet den Nährboden für politischen Radikalismus.

Auch wenn die wirtschaftliche Leistungssteigerung kein Selbstzweck sein sollte, so müssen wir sie doch weiter fördern. Existenz und Wohlstand von Millionen Menschen hängen von der hohen Leistungskraft der Wirtschaft ab. Wir müssen auch in Zukunft die Produktivität steigern, um nicht nur mehr privaten Wohlstand zu erreichen, sondern auch um die Ernährungsprobleme der Länder der Dritten Welt und viele öffentliche Aufgaben zu lösen.

Welche zunächst rein rechnerischen Alternativen eine wachsende Volkswirtschaft bietet, hat eine Planungsgruppe der amerikanischen Regierung kürzlich in einer Projektion dargestellt. Danach wurde für die Jahre 1965 bis 1985 für die USA eine produktivitätsbedingte Steigerung des Pro-Kopf-Einkommens um 80 % vorausgeschätzt (woran der Staat über die Steuerquote natürlich entsprechend partizipieren würde).

Wollte man den Wachstumsgewinn anders aufteilen, d. h. würde man das Pro-Kopf-Einkommen theoretisch beim Stande von 1965 einfrieren (selbstverständlich dürften, um den Lebensstandard zu erhalten, dann auch keine Preissteigerungen stattfinden), so ließ sich dank der zu erwartenden Produktivitätsfortschritte

- entweder das Pensionsalter von 65 auf 38 Jahre senken
- oder die wöchentliche Arbeitszeit von 40 auf 22 Stunden verkürzen
- oder die Zahl der Urlaubswochen von 3 auf 25 erhöhen
- oder die Ausbildungszeit um weitere 17½ Jahre verlängern
- oder die Umschulungsquote auf 45,2 % der Beschäftigten steigern.

Aus dieser theoretischen Alternativrechnung wird klar, welche Möglichkeiten schon verhältnismäßig bescheidene Produktivitätssteigerungen im Laufe von zwei Jahrzehnten eröffnen. Andererseits werden aber auch sehr schnell die Grenzen offenbar, da natürlich im Grunde nur die Alternative zwischen weiter steigenden privaten wie öffentlichen Einkommen und der Verlängerung der arbeitsfreien Zeit gegeben ist. Die amerikanische Planungsgruppe weist denn auch mit Recht darauf hin, daß man realistischerweise von einer Aufteilung der Produktivitätsgewinne auf Einkommenssteigerung und Freizeitverlängerung im Verhältnis von 2 : 1 ausgehen könne. Dies würde in den zwei Jahrzehnten eine Steigerung des Pro-Kopf-Einkommens um ca. 55 % bedeuten. Gleichzeitig könnte die wöchentliche Arbeitszeit um 2,5 Stunden verringert werden. Außerdem wäre eine Verlängerung des Jahresurlaubs um eine Woche und eine Erhöhung des Anteils der Umzuschulenden auf 6,9 % möglich. Es liegt auf der Hand, daß bei gleichzeitiger Herabsetzung des Pensionierungsalters und/oder verlängerter Ausbildung entweder das Einkommen oder die Freizeit nur entsprechend weniger zunehmen könnten.

Dieses Prognosebeispiel aus den USA, welches mit einigen Abstrichen auch für unser Land gelten mag, dürfte die Möglichkeiten, aber auch die Grenzen des produktivitätsbedingten Wachstums deutlich gemacht haben. Denn die Bedürfnisse werden miteinander konkurrieren und um so eher und gleichgewichtiger zu befriedigen sein, je höher der künftige Produktivitätsfortschritt ist, welcher durch Kapital und technisches Wissen gespeist wird. Der Förderung des technischen Fortschritts als dem Hauptwachstumsträger muß daher alle Aufmerksamkeit geschenkt werden, zumal die menschliche Arbeitskraft weiterhin knapp bleiben und auch die Beschaffung von Rohstoffen herkömmlicher und neuer Art nicht ohne Schwierigkeiten vonstatten gehen dürfte. Bereits die „freien" Rohstoffe, wie Luft und Wasser, gehören schon heute in den Ballungszentren zu den Gütern mit zunehmendem Knappheitsgrad. Die Anforderungen an den technischen Fortschritt werden quantitativ und qualitativ zunehmen.

II. Erscheinungsformen und Ausbreitung des technischen Fortschritts

1. Grundtypen

Zwar ist die Automatisierung sowohl die jüngste als auch die augenfälligste Entwicklungsstufe des technischen Fortschritts und regt daher besonders zur Diskussion um die wirtschaftlichen und sozialen Auswirkungen moderner Technologien an. Dennoch wäre es falsch und einseitig, gerade hinsichtlich der Auswirkungen den Gesamtzusammenhang des technischen Fortschritts aus dem Auge zu verlieren, wenngleich die jeweils letzten Stufen die dramatischsten Akzente setzen und auch einer besonderen Beobachtung bedürfen. Generell wird zwischen zweierlei Grundtypen des technischen Fortschritts unterschieden:

1. der Verfahrensverbesserung und -erneuerung,
2. der Erzeugnisverbesserung und -erneuerung.

Zu der ersten Gruppe gehören also die Begriffe Rationalisierung, Mechanisierung und Automatisierung, die andere umfaßt den fortschreitenden Wandel in den verwendeten Werk- und Rohstoffen sowie auf dem Energiesektor. Die Verfahrensverbesserung schließt daher neben der Mechanisierung und der Automatisierung auch die arbeits- und kapitalsparenden Änderungen des Produktionsprozesses, welche durch bessere Organisation und Arbeitsteilung, Ausbildung und Anpassungsfähigkeit der Arbeitskräfte und des Managements sowie die Beschleunigung des Stoff- und Kapitalumschlags bedingt sind, mit ein. Aus gesamtwirtschaftlicher Sicht gehören hierzu aber ebenso Verbesserungen des Verkehrs-, Nachrichten-, Bildungs- und Gesundheitswesens.

Der andere Teilbereich des Begriffes umfaßt sowohl die Einführung neuartiger Produkte und Dienste wie auch die Änderungen bestehender Erzeugnisse, d. h. die Anpassung des Angebots an die sich wandelnde Nachfrage bzw. die Schaffung neuer Nachfrage durch die Produktion neuartiger Erzeugnisse.

Versuchen daher die Unternehmen über die Verfahrensverbesserung und eine optimale Ausschöpfung der Werkstoffe und der Betriebsmittel, die Produktivität und damit das Wachstum von der Angebotsseite her zu ermöglichen, so dient die Produkterneuerung bzw. -verbesserung dazu, einen höheren und zugleich veränderten Gebrauchs- und Verfahrensnutzen anzubieten.

2. Ausbreitungsgeschwindigkeit

Vielfach wird die Frage gestellt, ob der technische Fortschritt sich tendenziell beschleunige, in gleichbleibenden Raten zunehme oder sich gar verlangsame. Es ist problematisch, hierauf eine eindeutige Antwort geben zu wollen, denn hemmende wie fördernde Faktoren gehen teilweise einher. Die neben der technischen Phantasie materielle Begrenzung des technischen Fortschritts beruht auf dem Kapitalmangel, worauf im Zusammenhang mit der Automatisierung noch zurückzukommen sein wird. Der Kapitalengpaß gilt aber auch für viele andere Untergruppen des technischen Fortschritts, so z. B. auch für die Schaffung neuer Produkte. Hier sind es insbesondere die Grundlagenforschung und die vielfach langwierige Entwicklung einer Erfindung zur Marktreife hin, die kostenmäßig stark zu Buche schlagen. Im Gegensatz zu den Kosten für Zufallserfindungen sind die Kosten der planmäßigen Entwicklung so hoch, daß kleine und mittlere Unternehmen — ganz zu schweigen von individuellen Forschern — in der Regel nicht die Mittel zur Finanzierung der Entwicklungskosten aufbringen können, und dieses Feld weitgehend den Großunternehmen überlassen müssen.

Einige Beispiele mögen dies verdeutlichen. So wurden schon vor dem Zweiten Weltkrieg für die Entwicklung der Benzinsynthese 300 Mio. Reichsmark ausgegeben. Die Entwicklung des Buna (künstlicher Kautschuk) hat seinerzeit 80 Mio. Reichsmark gekostet (nach heutigem Wert entspricht das ungefähr 160 Mio. DM). Für die Nylonherstellung wurden 30 Mio. Dollar allein für Forschungszwecke aufgebracht. Die Entwicklung eines einzigen Schädlingsbekämpfungsmittels kostet nach amerikanischen Angaben heute etwa 3 bis 6 Mio. Dollar, und man rechnet mit der Synthese von 10 000 Substanzen, bis ein neuer Wirkstoff mit verbesserten Eigenschaften gefunden wird und zu einem Handelsprodukt führt. Mehrere tausend neue chemische

Verbindungen müssen heute synthetisiert werden, um ein neues Arzneimittel zu finden. Vor rund 30 Jahren genügten demgegenüber noch Synthesen von annähernd 100 neuen chemischen Verbindungen. In der pharmazeutischen Industrie sind dementsprechend die Kosten für den Arbeitsplatz eines Wissenschaftlers von seinerzeit 10 000 Reichsmark auf gegenwärtig bis über 300 000 DM in die Höhe geschnellt.

Andererseits hat sich jedoch das Klima für die Ausbreitung des technischen Fortschritts verbessert. Einmal ist unser Jahrhundert durch einen schnellen und tiefgreifenden Wandel in allen Lebensbereichen gekennzeichnet. In den letzten fünfzig Jahren soll mehr technisches Wissen gewonnen worden sein als in der gesamten bisherigen Geschichte der Menschheit. Nach Angaben der renommierten Stanford-Universität in Kalifornien verdoppelt sich das Wissen der Menschheit in immer kürzeren Abständen. Während von 1800 bis 1900 ein Jahrhundert benötigt wurde, verdoppelte sich das Wissen der Menschheit von 1960 bis 1966 bereits in sechs Jahren. Hier spielt selbstverständlich die wesentlich erhöhte Verbreitungsdichte und Verbreitungsgeschwindigkeit durch die modernen Informations- und Transportmittel eine bedeutende Rolle. In die gleiche Richtung wirken der friedliche Wettlauf der Nationen im Rahmen der erweiterten Märkte und der sich auf hohem technischen Niveau abspielende Rüstungs- und Weltraumwettlauf der beiden Supermächte mit seinen auch die kommerzielle Nutzung befruchtenden Auswirkungen.

Aus all dem könnte der Schluß gezogen werden, daß sich der technische Fortschritt trotz der genannten Hemmnisse generell beschleunigt. Jedenfalls versucht man, dies zuweilen an einigen ausgesuchten bedeutsamen Erfindungen und deren Ausreifungszeit für die Vergangenheit nachzuweisen. In der Tat benötigte man für einige ausgewählte technische Errungenschaften zunehmend kürzere Zeitintervalle zwischen wissenschaftlicher Entdeckung und industrieller Nutzung.

So:
          112 Jahre in der Fotografie,
           85 Jahre bei der Dampfmaschine,
           56 Jahre beim Telefon,
           35 Jahre für das Radio,
           20 Jahre beim Dieselmotor u. Flugzeug,
           15 Jahre für das Radar,
           14 Jahre für das Penicillin,
           12 Jahre für das Fernsehen,
            5 Jahre für die Transistoren,
            3 Jahre für die integrierten Schaltkreise,
              wenige Monate für die Anwendung der
              Lasertechnik.

Was schließlich die Entwicklung der installierten Computer in unserem Lande angeht, so hat sie sich von 94 Einheiten im Jahre 1959 auf 9 186 Einheiten Mitte 1971 knapp verhundertfacht, und die „Denkfabriken" in den Großunternehmen und anderswo planen schon heute für das Jahr 2000.

Andererseits läßt sich rückschauend feststellen, daß trotz der Computertechnik die Verfahrensverbesserung insgesamt so gut wie keine Beschleunigung erfahren hat. Jedenfalls betrug die durchschnittliche Steigerungsrate der gesamtwirtschaftlichen Arbeitsproduktivität (Ausbringung zu konstanten Preisen je Erwerbstätigen) im Verlauf des Zeitraums von 1951 bis 1971 im Jahresdurchschnitt rund 4,9 %. Eine Aufteilung dieses Zeitraums in kleinere Perioden mit jeweils abgeschlossenem Konjunkturzyklus zeigt, daß die gesamtwirtschaftliche Arbeitsproduktivität in der Bundesrepublik keineswegs einem steigenden Trend folgt. Der Anstieg betrug von 1951 bis

1953 im Jahresdurchschnitt 6,8 %, von 1954 bis 1958 4,6 %, von 1959 bis 1963 ebenfalls 4,6 %, von 1964 bis 1967 4,3 % und von 1968 bis 1971 4,9 %.

Ein ähnliches Bild zeigt die industrielle Arbeitsproduktivität (gemessen als Produktionsergebnis je Beschäftigten in der Industrie). Im Zeitraum von 1951 bis 1971 hat sie sich im Jahresdurchschnitt um 4,7 % erhöht. Je Arbeiterstunde, also unter Berücksichtigung der eingetretenen Arbeitszeitverkürzung, betrug der Anstieg in dieser Periode im Jahresdurchschnitt 5,7 %.

Diese Feststellungen, wie auch entsprechende internationale Vergleiche, geben einen gewissen Aufschluß über die Gleichmäßigkeit, mit welcher sich der technische Fortschritt ausbreitet. Mit anderen Worten: das jeweilige Tempo der Entwicklung unterliegt, von Ausnahmen abgesehen, mittel- und langfristig nur geringen Schwankungen. Es zeigt sich also, daß sich der verfahrenstechnisch bedingte Fortschritt nicht sprunghaft bzw. revolutionär durchsetzt, sondern eher einem evolutionären, allmählichen Aufwärtstrend folgt. Weder die mit der arbeitsteiligen Massenfertigung seit Beginn unseres Jahrhunderts sich ausbreitende Mechanisierung noch die seit den 50er Jahren vorangetriebene eigentliche Automatisierung haben daher bisher eine sich beschleunigende Steigerung bewirkt. Zwar werden die neuen Entwicklungschancen, welche mit der elektronischen Datenverarbeitung zur Verfügung stehen, manche Umstellungen bewirken. Vor allem werden sie mehr und mehr auch den bisher für Produktivitätssteigerungen nicht oder kaum zugänglichen Dienstleistungsbereich erfassen. Doch geht auch dies nur sukzessive vonstatten. Der Arbeitskräfteengpaß wird sich von daher nur mildern, nicht aber unterlaufen lassen.

3. Automatisierung

Daran ändert, wie bereits ausgeführt, auch die technische Krönung aller Rationalisierungsbemühungen und die zugleich letzte Stufe der Technisierung, die Automatisierung, wenig. Da das öffentliche Interesse am technischen Fortschritt vornehmlich auf diese seine höchste Entwicklungsstufe gerichtet ist, soll etwas eingehender darauf eingegangen werden.

Der Ursprung des englischen Begriffes „automation" wird dem Vizepräsidenten der Ford-Werke in Detroit, D. S. Harder, zugeschrieben und fand zu Beginn der 50er Jahre bald Eingang in die wissenschaftliche Diskussion. Professor C. M. Dolezalek, Stuttgart, definiert die Automatisierung als die Befreiung des Menschen von der Durchführung immer wiederkehrender gleichartiger geistiger und manueller Verrichtungen und seine Lösung aus der zeitlichen Bindung an den Rhythmus der technischen Entwicklung. Sie ist die Schaffung technischer Anlagen, die so arbeiten, daß der Mensch weder ständig noch in festgelegtem Rhythmus von ihnen in Anspruch genommen wird.

Die Bezeichnungen Automatisierung und Automation werden im wesentlichen synonym angewandt. Wenn man genau sein will, so beschreibt die Automatisierung mehr den Entwicklungsprozeß, die Automation mehr den Zustand.

Welche Ziele verfolgt die Automatisierung? Wie bereits z. T. aus der Dolezalek'schen Definition hervorgeht, sind es die folgenden:

● die Erleichterung des Menschen von körperlicher, monotoner und repetitiver Arbeit und ihre Übertragung auf die Maschine oder Anlage;
● die Senkung der Bearbeitungszeiten bei gleichzeitiger Erhöhung der Qualität der Produkte und Informationen;

- die Gleichmäßigkeit und Beschleunigung des Produktions-, Verteilungs- und Informationsflusses und somit
- Stückkostensenkung und Informationsverbesserung zur Erhöhung der Konkurrenzfähigkeit.

Die technischen Möglichkeiten der Automatisierung sind in der Regel weniger begrenzt als die „am Rechenstift des Kaufmanns" vielfach scheiternden wirtschaftlichen Voraussetzungen. Vom technischen Standpunkt geradezu zwingend wird die Automatisierung dort, wo zur Sicherung einer gleichbleibenden Produktqualität enge Toleranzen vorgeschrieben sind, und die einzelnen Bearbeitungsstufen einen sich selbst regulierenden Materialfluß erfordern. So sind beispielsweise viele chemische Prozesse und metallurgische Umwandlungsverfahren an kritischen Stellen auf besondere Produktionselemente angewiesen, deren Lebensdauer und damit Funktionstüchtigkeit in hohem Maße von den präzise vorgegebenen Daten abhängt. Ohne automatisierte Prozesse wäre die erforderliche Genauigkeit niemals einzuhalten; zumindest wäre eine unvergleichlich hohe Ausschußquote die Folge.

Abgesehen von dem ausgesprochenen technischen Sachzwang ist die Automatisierung in Produktion und Verwaltung überall dort möglich, wo Arbeitsprozesse kontinuierlich mit einer großen Zahl möglichst einheitlicher Erzeugnisse oder Daten ablaufen. Am umfassendsten ist dies bei der Produktion von sogenannten Fließgütern der Fall, also bei der Gewinnung und Verteilung von elektrischer Energie, flüssiger, gasförmiger und pulverisierter Stoffe in großen Mengen. In gewisser Weise trifft dies aber auch für in großen Mengen anfallende genormte Stückgüter und Massenartikel zu. Dementsprechend bieten sich für die Automatisierung die folgenden Bereiche geradezu an: Elektrizitäts-, Gas- und Wasserversorgung, Mineralöl- und chemische Industrie, Nahrungs- und Genußmittelindustrie (insbesondere Getränkeindustrie, Süßwarenindustrie, Dauerbackwarenindustrie, Zigarettenindustrie, Mühlen), Zementindustrie und Druckereien. Teile des Produktionsprozesses sind aber auch in der eisenschaffenden, der Textil-, der Automobil- und der Elektroindustrie sowie im Maschinenbau automatisiert.

Doch auch außerhalb der industriellen Produktion eröffneten sich in den letzten Jahren der Automatisierung weitere Bereiche in den Büros und in den Verwaltungen sowie in einigen Dienstleistungssektoren, wobei die elektronische Datenverarbeitung (EDV) die wesentliche Rolle spielt. Die EDV gilt geradezu als das typische Merkmal der Automation, obwohl der Einsatz von EDV-Anlagen (Computer) nur eine unter vielen Möglichkeiten des technischen und organisatorischen Fortschritts ist. Doch werden ohne Zweifel EDV-Anlagen unsere Zukunft entscheidend mit- und weitergestalten.

So ist denn auch für die Beurteilung von Ausmaß und Tempo dieser Form des technischen Fortschritts die Entwicklung der Zahl der EDV-Anlagen in der Bundesrepublik Deutschland besonders aufschlußreich. An Computern waren installiert:

1. 1. 1959	94
1960	170
1965	1 618
1. 1. 1970	6 329
1. 7. 1971	9 186

Von Anfang 1959 bis Mitte 1971 hat sich also der Bestand an installierten Computern in der Bundesrepublik knapp verhundertfacht, wenngleich mit abnehmenden Zuwachsraten. Für 1975 wird mit reichlich 17 000 installierten Computern gerechnet, was nicht ganz einer Verdoppelung des gegenwärtigen Bestandes gleichkäme. Gleichzeitig würde dies aber auch eine gewisse weitere Verlangsamung der Ausbreitungsgeschwindigkeit bedeuten, denn schließlich ist von 1965 auf 1970 immerhin noch eine Vervierfachung des Computerbestandes eingetreten.

Eine nicht unerhebliche Bedeutung hat der Einsatz von Computern auf dem Gebiet der Büroautomatisierung. Wurde er zunächst hauptsächlich bei Arbeitsvorgängen in der Buchhaltung und in der Kalkulation benutzt, so ist er heute zu einem Instrument der Weitergabe und Verarbeitung von Informationen in nahezu allen Bereichen der betrieblichen Verwaltung bis hin zur Konstruktion und zur Lagerhaltung geworden. So lassen sich Rechnungswesen, Produktions- und Absatzplanung, Materialfluß und Finanzbedarf durch Computereinsatz rationell organisieren.

In den nachstehend aufgeführten außerindustriellen Bereichen hat die Automatisierung unter Verwendung der Computertechnik ebenfalls schon Eingang gefunden:

- Versandhandel (Abwicklung des Wareneingangs-, Auftragsbearbeitungs- und Versandwesens);
- Kreditinstitute, Versicherungswirtschaft und Börsenwesen (Verbuchung der Geschäftsvorfälle, Bearbeitung von Schadensfällen und Prämieneingängen, Börsenticker);
- Verkehrswesen (Steuerung des Verkehrsflusses, automatische Flugsteuerung und -überwachung, Platzbuchung und -reservierung, automatische Signal- und Blocksysteme im Eisenbahnwesen);
- Wissenschaft und Behörden (Dokumentation, Berechnung und Steuerung der Bahnen von Satelliten, Wetterprognose, Fernmeldeabrechnungsdienst, Datenbanken für allgemeine Information und für medizinische Diagnostik, Einwohnermeldewesen und Finanzverwaltung bis hin zu Versuchen mit der Übersetzung fremdsprachlicher Texte).

Daneben läßt sich jedoch die Automatisierung in gewissen Bereichen der Wirtschaft und in Teilbereichen des Dienstleistungsgewerbes kaum anwenden. Sobald es sich nämlich um individuelle oder differenzierte Produkte und Leistungen handelt, stößt die Einführung der Automatisierung schon von der Technik her auf Schwierigkeiten. Weite Bereiche der nicht großbetrieblich organisierten Dienstleistungen sind daher praktisch ausgeschlossen; aber auch das Handwerk und das Reparaturgewerbe fallen im wesentlichen aus. Das Ausmaß der Automatisierung hängt also von verschiedenen Faktoren ab und ist auch von Branche zu Branche unterschiedlich. Als unabdingbare Voraussetzung müssen daher vor allem genügend große Mengen gleichartiger Güter (oder Daten) und die Garantie ihres Absatzes (oder ihrer Nutzung) gegeben sein.

Abgesehen davon, daß die Automatisierung der überwiegenden Mehrzahl aller Arbeitsplätze aus technischen oder absatzpolitischen Gründen nicht möglich ist, setzt ihr jedoch auch der hohe Kapitalbedarf zwangsläufig Grenzen. Professor R. Krengel, Berlin, bezifferte bereits im Jahre 1963 die Kosten eines vollautomatisierten Arbeitsplatzes mit rund einer Mio. DM. Durch die seither erfolgten Preissteigerungen dürfte sich dieser Betrag inzwischen um rund 40 % erhöht haben. Nun bedeutet solch ein automatisierter Arbeitsplatz aber fast immer wenigstens drei Beschäftigte; soviel Menschen braucht man allein zur vollen Ausnutzung der Anlage, denn ohne Schichtarbeit kommen die hohen Kapitalkosten nicht herein. Wenn großzügigerweise sogar sechs Leute gerechnet werden, also die doppelte Besetzung (was wegen des besonderen Wertes der Anlagen, die nicht ohne Aufsicht bleiben dürfen, durchaus nicht selten ist), so ergeben sich rund 235 000 DM Kapitalbedarf pro Beschäftigten.

Doch auch die Vorstufen der Automatisierung fallen bei der zunehmenden Kapitalausstattung der Arbeitsplätze ins Gewicht. Während — in Festpreisen von 1962 — ein Arbeitsplatz in der deutschen Industrie im Jahre 1958 etwa 21 300 DM durchschnittlich erforderte, stieg der reale Kapitalbedarf pro Arbeitsplatz im Jahre 1968 auf ca. 40 000 DM an und dürfte zur Zeit bei rund 50 000 DM in Preisen von 1962 liegen. Berücksichtigt man, daß die Preise für Bauinvestitionen von 1962 bis Ende 1971 um rund 60 %, diejenigen für Ausrüstungsinvestitionen im gleichen Zeitraum um etwa 20 % gestiegen sind, so dürfte heute ein Arbeitsplatz in der Industrie rund 70 000 DM erfordern.

Stellt man dem den oben erwähnten Kapitalaufwand von durchschnittlich rund 235 000 DM pro Beschäftigten für einen automatisierten Arbeitsplatz gegenüber, so erhält man einen ungefähren Eindruck von dem ungeheuren Kapitalbedarf, den die Automatisierung erfordert, und wie weit wir von ihr in der Breite der Industrie noch entfernt, ja „zwangsweise" entfernt sind.

Im übrigen bestehen zwischen den verschiedenen Industriezweigen teilweise recht beträchtliche Unterschiede im Kapitalbedarf je Arbeitsplatz. So ist bereits die durchschnittliche Kapitalausstattung der Beschäftigten in der Mineralölverarbeitung rund 20mal so hoch wie in der Bekleidungsindustrie. Ebenso ist einleuchtend, daß (abgesehen von den Abteilungen mit elektronischer Datenverarbeitung) die Verwaltung eines Unternehmens in aller Regel nicht so kapitalintensiv ausgestattet zu werden braucht wie die eigentliche Fertigung. Dennoch, sobald Hochmechanisierung und Automatisierung erforderlich werden, und das geschieht hauptsächlich bei Neugründungen oder Betriebserweiterungen, sind auch in den durchschnittlich nicht so kapitalintensiven Wirtschafts- oder Industriezweigen sehr hohe Mittel für neue Arbeitsplätze aufzubringen.

So wurde schon zu Beginn der sechziger Jahre der Kapitalaufwand je Arbeitsplatz für die Errichtung eines kombinierten Stahlwerkes auf der „grünen Wiese" von Fachleuten mit 200 000 bis 300 000 DM beziffert. Bereits 1957 erforderte der Bau einer modernen Walzstraße insgesamt rund 100 Mio. DM an Investitionskapital. Diese Walzstraße benötigte 100 Mann für die Bedienung, so daß 1 Mio. DM pro Arbeitsplatz aufgeboten werden mußte. Für eine Spinnerin in einer modernen Spinnerei wurde, ebenfalls Anfang der sechziger Jahre, der Kapitaleinsatz mit 200 000 DM angegeben. Im Opel-Werk in Bochum erforderte um die gleiche Zeit ein Arbeitsplatz im Durchschnitt 83 000 DM. Der Arbeitsplatz an Bord eines neuen Handelsschiffes kostete Mitte der sechziger Jahre rund 500 000 DM, und in der Textilindustrie haben verschiedene Arbeitsplätze bereits die Millionengrenze erreicht.

Auch die Kosten eines Arbeitsplatzes an einem Computer sind relativ hoch. Hier sind exakte Angaben allerdings insofern schwieriger, weil diese Anlagen meist gemietet und nur in Ausnahmefällen käuflich erworben werden. Die Monatsmiete für große Anlagen beträgt jedoch Zehntausende von DM, manchmal erreichen sie mehr als 100 000 DM, wobei die erheblichen Kosten für die Ausbildung des für die Bedienung erforderlichen qualifizierten Personals noch hinzukommen.

Alle diese Beispiele machen deutlich, daß schon allein wegen der Schwierigkeiten der Finanzierung der zukünftigen Entwicklung gelassen entgegengesehen werden kann. Vielfach wurde allerdings gerade dann automatisiert, wenn die erforderlichen Arbeitskräfte nicht zur Verfügung standen oder wenn die Löhne ein solch hohes Niveau erreicht hatten, daß geradezu ein Mechanisierungszwang die Folge war. So gesehen können dann natürlich selbst sehr teure Maschinen billiger als die vorhandenen Arbeitskräfte produzieren. In diesen Fällen besteht aber auch die Gefahr, daß über das erforderliche Maß hinaus automatisiert wird. Es ist deshalb denkbar, daß in einigen Branchen zuviel, in anderen wiederum zu wenig automatisiert wird, und damit vorübergehend Kapitalfehlleitungen ausgelöst werden.

Zusammenfassend läßt sich daher feststellen, daß die technischen Voraussetzungen, die absatzpolitischen Gesichtspunkte, die Rentabilitätserwägungen sowie der erhebliche Kapitalaufwand einem zu raschen Fortschreiten der Automatisierung zwangsläufig im Wege stehen. Mit Produktivitätswundern wird somit auch künftig nicht zu rechnen sein.

III. Diskussion um den technischen Fortschritt

1. Umweltverschmutzung

Eine eher bremsende als förderliche Wirkung auf das Tempo des technischen Fortschritts werden auch die seit einiger Zeit stärker in den Vordergrund gerückten Argumente um die Verbesserung der natürlichen Umwelt bewirken. Einige der Kritiker gehen sogar so weit, die Verantwortung für die Umweltverschmutzung dem angeblich nur auf Gewinnerzielung ausgerichteten marktwirtschaftlichen System anzulasten. Zwar hängen Umweltbelastungen zum Teil auch von dem erreichten materiellen Wohlstandsniveau einer Gesellschaft ab, wenn man dabei an die Berge von Hausmüll und an die Abgase des millionenfachen Individualverkehrs denkt. Wenn auch die wohlstandsbedingten Belastungen der Umwelt in den sozialistischen Systemen des Ostens weitgehend fehlen, so haben sie andererseits jedoch in ihren industriellen Ballungszentren die gleichen Sorgen mit der Luft- und Wasserverschmutzung. Im Grunde handelt es sich hier also um ein Versagen der Verwaltungsinstanzen und des Gesetzgebers, die es beide versäumt haben, rechtzeitig entsprechende Bestimmungen zum Schutze der Umwelt zu erlassen. Diese Erkenntnis kommt jetzt allmählich und erfreulicherweise in Gang, was allerdings erhebliche Aufwendungen zur Folge haben wird.

Obwohl exakte Kostenberechnungen für die Verminderung oder gar Beseitigung der umweltschädlichen Einflüsse zunehmender Technisierung und Zivilisation aus verschiedenen Gründen kaum möglich sind, werden immer wieder überschlägige Schätzungen bekannt. Für eine der Hauptaufgaben, die Gewässerreinhaltung, schätzen Fachleute die erforderlichen Gesamtkosten bis 1975 beispielsweise auf rund 35 Mrd. DM. Doch erst wenn entsprechende Forschungsergebnisse vorliegen, werden die tatsächlichen Kosten zu ermitteln sein. Was den gesamten Umweltschutz angeht, also ebenso die Bereiche Luftverbesserung, Lärmverringerung, Abfallbeseitigung, so rechnen die Experten des Frankfurter Batelle-Instituts für die nächsten 15 Jahre mit Größenordnungen von insgesamt 115 bis 130 Mrd. DM. Da die Kosten des Umweltschutzes im wesentlichen eine Frage der Grenzwerte und Toleranzschwellen ist, kommen Wissenschaftler, die hier strengere Maßstäbe anlegen, zu einem zusätzlichen Finanzbedarf von 115 Mrd. DM allein innerhalb der nächsten fünf Jahre.

Sollte diese Maximalschätzung zutreffen, dann würde die BRD der Umweltschutz künftig teurer zu stehen kommen als der den größten Haushaltsposten bildende Verteidigungsetat.

Unabhängig davon, ob nun die umweltbedingten Kosten unmittelbar dem privaten, öffentlichen oder gewerblichen Verursacher angelastet werden, oder ob man gegebenenfalls zunächst andere Verteilungsschlüssel anwendet, der Verbraucher hat direkt oder indirekt die Mehraufwendungen für eine reinere Umwelt zu tragen. Bei allen Aufwendungen, die in der Verantwortung von Bund, Ländern und Gemeinden geschehen, wird über die Steuern zur Kasse gebeten. Entsprechende Mehrkosten der Wirtschaft kommen über Preiserhöhungen auf ihn zu.

Auch die indirekten Auswirkungen des technischen Fortschritts kosten daher ihren Preis, eine Tatsache, die jetzt deutlich wird und welche natürlich das künftige Tempo des technischen Fortschritts nicht gerade beflügeln bzw. seiner qualitativen vor seiner quantitativen Komponente längerfristig den Vorzug geben wird.

Hierzu ist aber auch auf internationaler Ebene ein gleichgerichtetes Umweltverständnis erforderlich, um einseitige Belastungen und damit Wettbewerbsnachteile für einzelne Volkswirtschaften zu vermeiden. Absichtserklärungen hat es hierzu bereits Mitte 1970 gegeben. So hat sich die Organisation für Wirtschaftliche Zusammenarbeit und Entwicklung (OECD), der alle wesentlichen Industrieländer, auch die Bundesrepublik, angehören, den Vorschlag ihres Generalsekretärs zu eigen gemacht, für die Festsetzung der Wachstumsziele innerhalb der nächsten zehn Jahre den Schwerpunkt ausdrücklich auf die qualitativen und nicht auf die quantitativen Aspekte zu legen. In jedem Falle wird eine reinere Umwelt nur über entsprechend eingeschränkte Zuwachsraten des privaten Verbrauchs zu haben sein. Wohlstand ohne körperliches und seelisches Wohlbefinden ist jedoch keiner, und da Wohlbefinden Gesundheit einschließt, die es zu erhalten gilt, wird um ihretwillen auch mancher Verzicht notwendig werden. Im Sinne gesünderer Lebensverhältnisse sollte uns allen daher ein sicherlich nur relativer Konsumverzicht nicht allzu schwer fallen.

2. Arbeitslosigkeit

a) Automationstrauma

Neben den mehr mittelbaren Auswirkungen des technischen Fortschritts bzw. der Wohlstandssteigerung, wie sie in der inzwischen erkannten Umweltbelastung zum Ausdruck kommt, hat aber vor allem das Schlagwort „Automatisierung" die Gemüter der arbeitenden Bevölkerung beunruhigt. Der Moloch Automatisierung schicke sich an, so lauten die Befürchtungen, seine Hand unmittelbar nach dem eigenen Arbeitsplatz auszustrecken.

Einen erheblichen Anteil an der Verbreitung dieses Automationspessimismus hat zweifellos die Fülle der utopischen Romane und Zukunftsvisionen, welche mit Vorliebe Roboter in menschenleeren Fabrikhallen, die Entpersönlichung der Arbeitswelt und den einzelnen als ferngesteuertes kleines Rädchen einer durch und durch technisierten Gesellschaft darstellen. Von daher ist es verständlich, wenn sich beim Schlagwort Automatisierung bei vielen Zeitgenossen Befürchtungen einstellen.

Bemerkenswert ist ferner, daß vor allem der Laie, also derjenige, der die ihn umgebenden Tatsachen nicht oder noch nicht begriffen hat und sich in ihnen nicht zu Hause fühlt, anfälliger für die pessimistischen Einschätzungen der Auswirkungen der modernen Technologie ist, als der damit Vertraute. Eigene Erfahrungen und unmittelbare Kenntnis beeinflussen entscheidend das Urteilsvermögen. Wer die Automation sozusagen am eigenen Leibe kennengelernt hat, also mit ihren „Geheimnissen" und Möglichkeiten vertraut ist, urteilt in der Regel sehr viel positiver. Eine Bestätigung dieses Sachverhalts liefert eine kürzlich durchgeführte Meinungsbefragung der Arbeitnehmer in Bayern. Die Berichterstatter kamen zu folgendem Ergebnis: „Hat noch vor zehn Jahren, also zu einem Zeitpunkt, zu dem die heute schon weitgehend automatisierten Betriebe die wesentlichen Rationalisierungsmaßnahmen erst projektiert hatten, die Sorge um den Arbeitsplatz die gesamte Diskussion beherrscht, so lassen sich solche ‚Ängste' nurmehr vereinzelt registrieren. Der Arbeitnehmer hat einen Teil des Prozesses schon miterlebt, er hat festgestellt, daß ‚nichts so heiß gegessen wird' und urteilt heute weit weniger emotional als ehedem." Ferner zeigt die Umfrage, daß in automatisierten Betrieben die Einstellung grundsätzlich positiver ist als in weniger mechanisierten. Und: „Mit steigendem Bildungsgrad scheint die Furcht vor Automationsfolgen abzunehmen. Gut ausgebildete Facharbeiter und höher qualifizierte Arbeiter kennen nach dem Untersuchungsergebnis keine Angst vor der Automation."

Zu Beginn der sechziger Jahre hatte die Diskussion um die Automation bzw. die Auswirkungen des technischen Fortschritts neu eingesetzt, nachdem sie zuvor weniger intensiv geführt worden war. Wenn auch die Bundesrepublik in diesen Jahren mit einer Arbeitslosenquote von 0,4 bis 0,5 % der Beschäftigten nicht gerade zum Kronzeugen technologischer Massenarbeitslosigkeit zu machen war, so zeigte doch ein Blick auf die USA, daß dort seit vielen Jahren die Arbeitslosenquote nicht unter 5,5 % der Erwerbstätigen gesunken war. Da aber vielfach pauschal gern die Vereinigten Staaten als Exerzierfeld künftiger wirtschaftlicher Entwicklungen in allen Industrienationen betrachtet werden, war der Hintergrund verständlich, auf dem eine pessimistische Einschätzung der künftigen Arbeitsmarktsituation auch in der Bundesrepublik Deutschland gedieh.

Als Initiatoren dieser Hauptphase der Automationsdiskussion haben sich vor allem die Gewerkschaften hervorgetan. Manche Darstellungen in der Presse trugen weiterhin dazu bei, in der Öffentlichkeit eine Art „Automationstrauma" zu verbreiten, wobei Fehlinterpretationen und oberflächliche oder indifferenzierte, auf Effekthascherei bedachte Wiedergaben die seriösen Darstellungen übertrafen.

b) Verhältnisse in den USA

Für die beachtliche Arbeitslosenquote in den USA wurde häufig hier wie dort die fortschreitende Technisierung, speziell die Automation, hauptverantwortlich gemacht. Ohne die völlig andersartigen Verhältnisse jenseits des Atlantik zu berücksichtigen, glaubte man, daß sich die dortige Entwicklung nach einigen Jahren auch in der Bundesrepublik nachvollziehen werde. In dem zumeist von Gewerkschaftsseite vorgetragenen Katalog vorbeugender Maßnahmen war daher die Forderung nach weiterer Arbeitszeitverkürzung (zur Streckung der Arbeit) ein Hauptbestandteil.

In der Tat gehört die verhältnismäßig hohe Arbeitslosigkeit in den USA zur Hauptsorge der amerikanischen Wirtschaftspolitik, insbesondere, als nach dem Korea-Krieg die Arbeitslosenzahl auf 5 Mio. Menschen anstieg. In den USA waren seit Kriegsende überhaupt zeitweise bis zu 7,5 % aller Erwerbstätigen arbeitslos. Sieben Jahre lang, von 1958 bis einschließlich 1964 lag die Arbeitslosenquote in den USA ständig über 5 %, nahm dann aber nach und nach bis auf 3,5 % (1969) ab, um inzwischen wieder auf 6 % (1971) anzusteigen.

Abgesehen von der Unübertragbarkeit der amerikanischen Situation auf unsere Volkswirtschaft ist aber auch in den USA nicht der technische Fortschritt bzw. die Automation die Ursache für die dortige im Vergleich zur Bundesrepublik sehr viel höhere Arbeitslosenquote. Die Ursachen sind komplizierterer Natur und bedingen sich zum Teil wechselseitig. Sie lagen und liegen, wie eine vom amerikanischen Kongreß einberufene „Nationale Kommission für Technik, Automation und wirtschaftlichen Fortschritt" bereits im Jahre 1966 festgestellt hat, vornehmlich in der unzureichenden Gesamtnachfrage begründet, wenngleich entsprechende wirtschaftspolitische Maßnahmen in den letzten Jahren teilweise Besserung gebracht haben. Auf dem Hintergrund dieser „Nachfragelücke" wirken sich das starke Wachstum der

Bevölkerung und eine Reihe struktureller Faktoren beschäftigungspolitisch ungünstig aus. Im Unterschied zur Bundesrepublik muß daher eine Expansionsrate erreicht werden, durch die jährlich ca. 1 Mio. neue Arbeitsplätze geschaffen werden. Insbesondere müssen die fast 2 Mio. Jugendlichen, die, bedingt durch den hohen Geburtenanstieg der Nachkriegsjahre, jährlich neu auf den Arbeitsmarkt kommen, eine befriedigende Beschäftigung finden. Hinzu kommen die zum Teil mangelhafte berufliche Ausbildung, die Diskriminierung der Farbigen und regionale Strukturschwächen. Demgegenüber ist das Arbeitskräftepotential bei uns weit ausgeglichener als in den USA. Ein Farbigenproblem kennen wir nicht, und die Unterschiede in der beruflichen Qualifikation sind lange nicht so groß wie jenseits des Atlantik.

Aber selbst in Wirtschaftszweigen oder Branchen, die infolge der Verdrängungskonkurrenz einem scharfen Wettbewerbsdruck ausgesetzt sind, und daher notwendigerweise schrumpfen müssen (wie beispielsweise der Kohlenbergbau und das Eisenbahnwesen in den USA), verhindert die Automation noch größere Entlassungen, da sie die Wirkungen gestiegener Arbeitskosten auf die Beschäftigung in diesen Sektoren durch entsprechende Produktivitätssteigerungen zum Teil unterlaufen konnte. Häufig fällt aber sogar auch in teilweise automatisierten Bereichen ein vermehrter Arbeitskräftebedarf an, da die verbilligte Produktion zu einer wesentlich erhöhten Nachfrage führt. In den USA wie auch bei uns hat sich gezeigt, daß die Bereiche mit dem kräftigsten technischen Fortschritt auch die stärkste Nachfrageausweitung erfahren. So werden beispielsweise in Banken und Versicherungen trotz der Automation zunehmend mehr Arbeitskräfte beschäftigt.

Allerdings ist der sich auch bei uns abzeichnende Strukturwandel in den Vereinigten Staaten bereits weiter fortgeschritten: In der Landwirtschaft und im Bergbau geht die Zahl der Beschäftigten absolut zurück, in der Industrie nimmt sie (mit Ausnahme der Bauwirtschaft) nur unterdurchschnittlich zu. Sehr stark expandieren Handel, Banken, Versicherungen, öffentliche Verwaltung und sonstige Dienstleistungen und bieten damit vermehrte Beschäftigungsmöglichkeiten.

c) Situation in der Bundesrepublik

Im Gegensatz zu den Verhältnissen in den Vereinigten Staaten war und ist hierzulande die wirtschaftliche Lage trotz Mechanisierung und Automatisierung davon geprägt, daß — mit Ausnahme des Konjunktureinbruchs im Jahre 1967 — die in allen Branchen benötigten Arbeitskräfte nicht zu bekommen waren. Zudem zeigte sich in der Rezessionsperiode, daß die Arbeitslosenquote in industriellen Ballungsräumen um so niedriger blieb, je kräftiger das produktivitätsbedingte Wirtschaftswachstum dieser Gebiete in den vorangegangenen Jahren gewesen war.

Es gehört nicht viel Phantasie dazu, sich vorzustellen, wo wir jetzt stünden, wenn den im Jahre 1963 gemachten gewerkschaftlichen Vorschlägen gefolgt worden wäre, die Arbeitszeit bis 1972 sukzessive auf 35 Wochenstunden herabzusetzen. Die Zahl der ausländischen Arbeitskräfte hätte, um ohne Wachstumsverluste den inländischen Arbeitsausfall auszugleichen, bis heute auf über 5 Millionen (tatsächlicher Bestand: 2,2 Mio.) ansteigen müssen! Das Ifo-Institut für Wirtschaftsforschung in München hat in einer umfangreichen Untersuchung den anhaltenden Engpaß unserer Arbeitsmarktsituation anschaulich herausgestellt und die Wiederbeschäftigung der durch die Produktivitätsfortschritte freigesetzten Arbeitskräfte als „Motor des Produktionswachstums" bezeichnet.

In dieser Untersuchung heißt es: Zwar hat sich die Zahl der Erwerbstätigen in der Bundesrepublik von 1950 bis 1968 um rund ein Drittel auf knapp 26,2 Mio. Personen erhöht, doch fällt diese Zunahme völlig in die fünfziger Jahre. In dieser Zeit brachte der Rückgang der Arbeitslosenquote, der Anstieg der Erwerbsquote (der Anteil der Erwerbspersonen an der Bevölkerung) sowie der Zustrom von Arbeitskräften aus dem Osten eine beträchtliche Vermehrung der Beschäftigtenzahl. In den sechziger Jahren waren diese Quellen allerdings versiegt: Die Arbeitslosenquote blieb auf niedrigem Niveau im wesentlichen konstant, die Erwerbsquote sank, bedingt durch die ungünstige Altersstruktur der Bevölkerung, ab, der Zustrom aus dem Osten ließ nach. Lediglich die Hereinnahme nichtdeutscher Arbeitnehmer vermochte hier teilweise Abhilfe zu schaffen. Der Anteil der nichtdeutschen Arbeitnehmer am Arbeitskräfteeinsatz im Bundesgebiet betrug 1959: 0,8 %, 1966: 5,7 % und 1971 mit rund 2,2 Mio. statistisch erfaßten ausländischen Arbeitnehmern: 9,8 %. Zwar wird sich nach Meinung der Münchener Wissenschaftler gegen Ende der siebziger Jahre die Altersstruktur der Bevölkerung wieder leicht verbessern; dennoch ist lediglich mit einer Zunahme der Erwerbstätigenzahl um ungefähr 1,6 Mio. auf 27,8 Mio. bis zum Jahre 1980 zu rechnen. Die menschliche Arbeitskraft wird damit im Bundesgebiet weiterhin knapp bleiben. Auch dürften die Arbeitszeitverkürzungen, welche von 1950 bis 1968 insgesamt 15 % betrugen, aller Voraussicht nach weitergehen. Das Arbeitsvolumen (die Zahl der von allen Erwerbstätigen jährlich geleisteten Arbeitsstunden), welches von 1950 bis 1960 wegen der Zunahme der Erwerbstätigenzahl noch um jahresdurchschnittlich 1 % steigen konnte, von 1960 bis 1968 jedoch um durchschnittlich 0,6 % absank, wird deshalb voraussichtlich von 1968 bis 1980 nur um 0,2 % im Jahresdurchschnitt wachsen können. Man wird somit im wesentlichen von einer künftigen Stagnation des Arbeitskräfteeinsatzes hierzulande ausgehen können.

Sind also schon vom Arbeitskräfteengpaß her die künftigen Wachstumsmöglichkeiten eingeschränkt, so gilt dies, wie wir bereits gesehen haben, auch für den Fortschritt der gesamtwirtschaftlichen Produktivität. Die Münchener Wirtschaftsforscher haben errechnet, daß sich der Produktivitätsfortschritt (gemessen an der Steigerung des Sozialprodukts zu konstanten Preisen je geleistete Arbeitsstunde) deutlich verlangsamt hat und prognostizieren eine weitere Abnahmetendenz.

Betrug die gesamtwirtschaftliche Produktivitätssteigerung von 1950 bis 1960 durchschnittlich jährlich noch 6,8 %, so belief sie sich bis 1968 auf durchschnittlich 5,0 % jährlich. Für 1968 bis 1980 wird mit einer weiteren Verlangsamung des Produktivitätsfortschritts auf 4,4 % im Jahresdurchschnitt gerechnet.

Die Wirklichkeit und die Berechnungen zeigen klar, daß sich die Behauptung einer durch den technischen Fortschritt ausgelösten Arbeitslosigkeit nicht halten läßt. Auch durch das Auftreten der Automatisierung ist ihr Wahrheitsgehalt nicht gestiegen. Die Vergangenheit hat dies allen Unkenrufen zum Trotz, eindeutig und unmißverständlich erwiesen. Zudem lassen die Zukunftsperspektiven der Wirtschaftswissenschaftler unter arbeitsmarkt- und wachstumspolitischen Gesichtspunkten erkennen, daß wir eher unter zu wenig als unter zuviel an technischem Fortschritt „leiden". Damit sollen jedoch die im Zuge des technischen Fortschritts auftretenden strukturellen Veränderungen nicht bestritten oder gar bagatellisiert werden. Im Gegenteil, es gilt, sich auf sie einzustellen. Auch werden im Einzelfall Übergangshärten nie ganz zu vermeiden sein. Sie schlagen jedoch um so weniger zu Buch, je dauerhafter und gleichmäßiger der gesamtwirtschaftliche Wachstumspfad verläuft, soziale Sicherungen vorhanden sind, und Staat, Arbeitnehmer und Unternehmer die Wandlungen erkennen, um sich ihnen möglichst rechtzeitig anzupassen.

IV. Auswirkungen des technischen Fortschritts auf Wirtschafts- und Beschäftigtenstruktur

1. Sektoraler Strukturwandel

Unter den geschilderten Knappheitsbedingungen für Arbeitskräfte und Kapital wachsen Wirtschaft und Lebensstandard dann um so befriedigender, wenn beide Produktionsfaktoren dort eingesetzt werden, wo sie bei entsprechender Nachfrage den höchstmöglichen Ertrag erwirtschaften. Es kommt hierbei nicht zuletzt unter dem Einfluß des technischen Fortschritts zu strukturellen Änderungen des Bedarfs und der Produkte, wobei aus schrumpfenden Wirtschaftszweigen Arbeitskräfte in wachsende Bereiche überwechseln. Im fortschreitenden Industrialisierungsprozeß aller Länder hat sich daher der bisherige Schwerpunkt von der landwirtschaftlichen Produktion (primärer Sektor) zur gewerblichen bzw. industriellen Produktion (sekundärer Sektor) verlagert. Bei zunehmender Reife der Volkswirtschaften gewinnt außerdem der Dienstleistungsbereich (tertiärer Sektor) zunehmend an Bedeutung. Denn das steigende Pro-Kopf-Einkommen und die erhöhte Produktion im sekundären Sektor stellen Impulse für das Wachstum im tertiären Sektor dar. Sowohl die privaten Haushalte als auch die Industriebetriebe benötigen in immer stärkerem Maße die Dienstleistungen fremder, privater oder öffentlicher Unternehmen sowie der öffentlichen Verwaltung. Wegen des noch schnelleren Wachstums der Produktion kann der Anteil des tertiären Sektors dabei jedoch zurückgehen. Andererseits nimmt bei steigendem Pro-Kopf-Einkommen die Nachfrage nach Nahrungsmitteln immer nur unterproportional zu. Daher kann die landwirtschaftliche Produktion nur vergleichsweise wenig ausgedehnt werden, was einer relativen Schrumpfung dieses Sektors gleichkommt. Gegenüber den landwirtschaftlichen Produkten werden die industriellen Produkte im allgemeinen bei steigendem Einkommen sehr viel lebhafter nachgefragt und selbst wenn Sättigungsgrenzen erreicht werden, bestehen durch neue oder verbesserte Produkte in der Regel neue Absatzmöglichkeiten.

Für die Bundesrepublik Deutschland ergibt sich das folgende Bild über die vergangene und absehbare Entwicklung der Erwerbstätigenstruktur und der Beiträge der drei Sektoren zum Bruttoinlandsprodukt (der Summe aller erstellten Güter und Leistungen):

Wirtschaftsstruktur der BRD in Vergangenheit und Zukunft

Beitrag zum realen Bruttoinlandsprodukt i. v.H.	1950	1960	1970	1980
Primärer Sektor	9,1	5,5	4,2	2,8
Sekundärer Sektor	44,7	53,6	57,8	61,5
Tertiärer Sektor	46,2	40,9	38,0	35,7
Erwerbstätige i. v.H.				
Primärer Sektor	25,0	13,7	9,0	6,0
Sekundärer Sektor	41,6	47,9	49,0	48,3
Tertiärer Sektor	33,4	38,4	42,0	45,7

Quelle: Bundeswirtschaftsministerium, Bonn.

Die Tabelle zeigt, daß sich die bisher zu beobachtende Tendenz einer stetigen Vermehrung des Anteils des sekundären Sektors an der Leistungserstellung zu Lasten der beiden anderen Sektoren voraussichtlich auch bis 1980 fortsetzen wird. Damit bleibt die Bundesrepublik weiterhin ein klassisches Industrieland.

Allerdings vereint der tertiäre Sektor zunehmend mehr Arbeitskräfte auf sich. Zwar wird auch im Jahre 1980 noch fast jeder zweite Erwerbstätige im sekundären Sektor eingesetzt werden, doch ist die rückläufige Entwicklung schon absehbar, während der tertiäre Sektor zunehmend mehr Beschäftigte aufnehmen wird.

Da längerfristig die Produktivität im tertiären Sektor zwangsläufig nach wie vor hinter derjenigen der Warenproduktion zurückbleiben wird, muß dieser Bereich notwendigerweise zunehmend mehr Arbeitskräfte an sich ziehen. Nur so läßt sich die in einer Wohlstandsgesellschaft steigende Nachfrage nach Dienstleistungen befriedigen. In ferner Zukunft wird also der tertiäre Bereich der Hauptarbeitsplatz unserer Bevölkerung sein und somit eine völlige Umgestaltung unserer heutigen Beschäftigungsstruktur eintreten.

Diese Zwangsläufigkeit kommt in den folgenden Ausführungen eines Experten zum Ausdruck: „Bliebe die Zahl der in der Industrie Beschäftigten konstant und nimmt man für die nächsten 150 Jahre ein weiteres Wachstum der industriellen Produktivität um 4,5 % je Jahr an, so würde das Angebot an Industriegütern sich gegenüber heute auf das Tausendfache erhöhen. Auch mit lebhafter Phantasie kann man sich nicht vorstellen, daß die Nachfrage damit Schritt halten kann. Mehr als zwei Autos, Telefone und Farbfernseher pro Kopf der Bevölkerung erscheinen uns sinnlos. Also muß zwangsläufig, auch bei weiterer Kürzung der Arbeitszeit, die Beschäftigtenzahl in der Industrie anteilmäßig bei steigender Lebenshaltung zurückgehen. Der Schwerpunkt der Beschäftigung und des Sozialprodukts verlagert sich zu den Dienstleistungen."

Weite Gebiete des tertiären bzw. Dienstleistungssektors sind denn auch dem technischen Fortschritt kaum zugänglich. Hierunter fallen Bildung, kulturelle Unterhaltung, Körperpflege und die Pflege von Kindern, Kranken und alten Menschen. Andere Gebiete, wie Verkehr, Handel, Rechtspflege, Sicherheit und öffentliche Verwaltung können, verglichen mit Landwirtschaft und produzierendem Gewerbe, nur beschränkt technisiert und automatisiert werden. Wenn also der tertiäre Bereich langfristig am stärksten expandiert, so muß der Mehrbedarf an Arbeitskräften angesichts des stagnierenden Arbeitsvolumens aus dem primären Sektor und in zweiter Linie auch aus dem sekundären Sektor gespeist werden.

Aber nicht nur zwischen den Sektoren, sondern auch innerhalb derselben hat es Strukturwandlungen gegeben. Diese werden auch in Zukunft anhalten. Der Arbeitskräfteeinsatz in der Industrie hat sich quantitativ und qualitativ in der Weise verändert, daß sich die Beschäftigtenzunahme auf immer weniger Branchen konzentriert und unqualifizierte, branchenspezifische Tätigkeiten durch technische Umstellungen mehr und mehr zurückgedrängt werden. Allerdings zeigt sich auch hier, daß die durch weiteren Kapitaleinsatz ausgelösten produktivitätssteigernden Wirkungen abnehmen, und eine weitere Mechanisierung unter wirtschaftlichen Gesichtspunkten nicht unbegrenzt möglich ist. Denn auch die Möglichkeiten organisatorischer Fortschritte erschöpfen sich mit steigender Mechanisierung zunehmend.

Entsprechend wird denn auch bis 1980 mit einer weiteren Zunahme der Gesamtbeschäftigung in der Industrie um im Vergleich zu heute rund 9 % oder 800 000 Arbeitskräften auf rund 9,3 Mio. Menschen gerechnet, wozu die weitere Verringerung der Arbeitszeit natürlich mit beiträgt. Trotz Hochmechanisierung und Automatisierung werden also selbst in der Industrie in absehbarer Zeit mehr Arbeitskräfte als heute benötigt und werden von daher auch künftig in der Bundesrepublik voraussichtlich keine Erleichterungen der angespannten Arbeitsmarktlage ausgehen. Gastarbeiter werden weiterhin in steigendem Umfang erforderlich sein. Andererseits bedeutet der anhaltende Bedarf an Arbeitskräften nicht, daß der einzelne stets damit rechnen kann, seinen einmal gewonnenen Arbeitsplatz für immer zu behalten. Die laufende Anpassung wird aber dadurch erleichtert, daß sich der technische Fortschritt in den einzelnen Sektoren der Wirtschaft nicht gleichmäßig stark durchsetzt, und er überdies nur vergleichsweise langsam zum Zuge kommt.

Zum überwiegenden Teil werden daher die künftigen, branchenweisen und sektoralen Beschäftigungsveränderungen organisch erfolgen: zum einen durch natürlichen Abgang infolge Alters, Invalidität oder Heirat, zum anderen durch den Zugang neu ins Berufsleben eingetretener Erwerbstätiger.

In zweiter Linie wird ein mehr oder weniger nahtloser Berufswechsel im Wege von Umschulungsprogrammen und Kursen die Strukturwandlungen mit auffüllen. Nur in ganz wenigen Fällen kann eine vorübergehende Arbeitslosigkeit nicht ausgeschlossen werden, die aber infolge des generellen Arbeitskräftemangels und bei ausreichender Bereitschaft zu Anpassung und Umschulung auch im Einzelfall nicht von Dauer sein kann. An der Fähigkeit und auch an der Bereitschaft zur Anpassungsfähigkeit wird es daher entscheidend liegen, ob es auch in Zukunft möglich sein wird, Angebot und Nachfrage nach Arbeitsplätzen in die bestmögliche Übereinstimmung zu bringen.

Wie groß die Chancen eines für die Beschäftigten möglichst reibungslosen Strukturwandels durch eine vorausschauende Arbeitsmarktpolitik der Zukunft sind oder sein können, zeigt eine Analyse des Erlanger Institutes für Arbeitsmarkt- und Berufsforschung über die durch Alter, Invalidität, Tod, Rückkehr ins Bildungssystem, familiäre Tatbestände und Auswanderung bedingten voraussichtlichen Abgänge abhängiger Beschäftigter im Zeitraum von 1968 bis 1980. Jeder dritte inländische Arbeitnehmer (ohne Beamte) scheidet danach bis zum Jahre 1980 aus dem Erwerbsleben aus. Der reine Ersatzbedarf an Arbeitnehmern stellt sich damit in dem angegebenen Zeitraum auf allein 5,8 Mio. Personen. Dies betrifft, um es deutlich zu wiederholen, nur den Ersatzbedarf an Arbeitskräften. Der gesamte Zugangsbedarf wäre noch um den Expansionsbedarf zu ergänzen.

2. Wachsende Angestelltenquote

Ein weiteres Strukturmerkmal des technischen Wandels ist der zunehmende Trend zum „weißen Kragen", also die allgemein wachsende Angestelltenquote. Da die eigentliche Produktion der Mechanisierung und der Automatisierung eher zugänglich ist als die verwaltenden Tätigkeiten, wächst infolge des Vordringens der Organisations-, Verwaltungs- sowie der technischen und kommerziellen Büroberufe zunehmend der Anteil der indirekten Arbeitskräfte, also der Angestellten, an der industriellen Beschäftigung auf Kosten der direkten Arbeitskräfte, also der Arbeiter in den Werkstätten und Montagehallen. Kamen in der deutschen Industrie im Jahre 1950 erst 180 Angestellte und tätige Inhaber auf 1 000 Arbeiter, so sind es heute rund 300. Zur Zeit ist also gut jeder dritte Arbeitnehmer in der Industrie ein Angestellter.

In gewissem Umfang beruht dieser „Angestelltentrend" zwar auch darauf, daß manche Mitarbeiter, wie Meister und ältere Facharbeiter, aus dem Arbeiterverhältnis in das Angestelltenverhältnis übernommen werden. Wenn jedoch feststeht, daß in Zukunft vor allem der weniger mechanisierbare Dienstleistungssektor besonders stark zunehmen wird, so ist der Trend des Zukunftsbedarfs an Angestellten unschwer vorstellbar. Schon heute ist in der gesamten Wirtschaft die Zahl der Arbeiter nicht mehr nennenswert höher als die der Beamten, Angestellten und Selbständigen. Da insbesondere auch im warenproduzierenden Sektor der Anteil der Angestellten ständig zunimmt, und zudem der angestelltenintensive Dienstleistungssektor rascher als die beiden übrigen Sektoren wachsen wird, steigen die Beschäftigungschancen und damit die Berufsaussichten der Angestellten auch in Zukunft überproportional.

3. Änderung der Tätigkeitsinhalte und Arbeitsanforderungen

Was die Veränderung der ausführenden Tätigkeiten im Zuge technologischen Wandels angeht, so gab es bisher zwei gegensätzliche Meinungen. Die eine lautete: Die lediglich mechanisierte Produktion erfordere niedrige, die automatisierte Produktion erfordere hohe Qualifikationen. Gerade umgekehrt die andere: Die zunehmende Automatisierung erfordere bei den Ausführenden geringere Qualifikationen. Umfangreiche wissenschaftliche Untersuchungen zu diesem Problem sind inzwischen zu dem Ergebnis gekommen, daß sich, je nach Anwendungsfall, beide Ansichten bestätigen lassen. Man hat ermittelt, daß sich im Rahmen der Automatisierung zwar eine gewisse Verlagerung zu Gunsten der qualifizierten Tätigkeiten abzeichnet; entgegengerichtete Tendenzen sind aber ebenfalls zu beobachten. Die technische Entwicklung führt also nicht nur zu einer Differenzierung der ausführenden Tätigkeiten, sondern auch zu einer entgegengesetzten Qualifikationsstruktur der Tätigkeitsinhalte an technisch fortgeschrittenen Aggregaten.

Diese Zweigleisigkeit der Beschäftigungsstruktur nach Tätigkeitsinhalten und Arbeitsanforderungen im Zuge zunehmenden technischen Wandels bedeutet, daß auf der einen Seite sehr einfache und zumeist einseitige Tätigkeiten anfallen und auf der anderen Seite höher qualifizierte Tätigkeiten bestehen bleiben oder neu entstehen, während der Anteil der komplexen Tätigkeiten mit mittlerem Anforderungsniveau tendenziell abnimmt. Im eigentlichen Betriebsbereich verändert sich die Beschäftigtenstruktur weiterhin in der Richtung, daß der Anteil der unmittelbaren Produktionstätigkeiten sinkt und der Anteil der mittelbaren Tätigkeiten für die Produktion zunimmt. Zu letzteren gehören insbesondere Planung, Steuerung und Sicherung der Produktion, die allgemein eine anteilsmäßige Zunahme qualifizierterer Tätigkeiten zur Folge haben.

Auch verschieben sich mit steigendem Technisierungsgrad der Produktion die Anforderungen auf Kosten der körperlichen Belastung mehr in Richtung geistig-psychischer Beanspruchung. Ebenso bewirkt die fortschreitende räumliche Trennung der Produktionsarbeiter vom eigentlichen Fertigungsprozeß und die Abkapselung des Be- oder Verarbeitungsvorganges eine geringere Belastung durch Umgebungseinflüsse und durch Unfallgefährdung. Nach Ansicht der Arbeitswissenschaftler wird künftig bei den Produktionsarbeitern an hochmechanisierten und teilautomatisierten Anlagen weniger technologisches Wissen als vielmehr Denkvermögen in regeltechnischen Zusammenhängen erforderlich sein. Das Wissen um die in der herkömmlichen Facharbeiterausbildung vermittelten Verarbeitungsverfahren wird an Bedeutung verlieren. Statt dessen tritt die Kenntnis der anlagespezifischen, technisch-organisatorischen Zusammenhänge in den Vordergrund.

Auch den Angestellten wird der Computer zunehmend alle Arbeiten mit Wiederholungs- und Routinecharakter abnehmen. Andererseits werden in größerem Umfang Mitarbeiter gebraucht, die Systeme und Verfahrensabläufe optimal planen und die elektronischen Datenverarbeitungsanlagen dafür programmieren. Was die leitenden Tätigkeiten angeht, so verlagern sie sich von den Personen zunehmend auf die technologischen Prozesse. Die traditionellen hierarchischen Führungs- und Organisationsmodelle werden durch neue Formen ersetzt, die an den Arbeitsabläufen orientiert sind und die fachliche Kompetenz der Mitarbeiter berücksichtigen. So werden zunehmend auch bestimmte Arbeitsanweisungen entbehrlich, weil der Computer und/oder der automatisierte Fertigungsprozeß den Arbeitsablauf vorschreiben.

Automation und Datenverarbeitung verändern daher immer auch die Unternehmensführung und erfordern eine Umgestaltung der betrieblichen Organisation. Hierfür verantwortlich sind die Beschleunigung in Betriebsablauf und Entscheidungsfindung, die verringerte Elastizität der Betriebe und damit die wachsende Gefahr von Fehldispositionen. Dabei erweist sich die EDV-Anlage als hilfreiches Informationsmittel, die der Unternehmensleitung auf wissenschaftlicher Grundlage zu fundierten Entscheidungen verhilft. Mit Fingerspitzengefühl allein läßt sich daher in Zukunft kein größeres Unternehmen mehr erfolgreich führen. Andererseits kann der Computer nicht mehr als ein Organisationshilfsmittel bei der Entscheidungsvorbereitung bzw. bei der Entscheidungsfindung sein. Nur dort, wo sich die Entscheidungen auf der unteren Ebene im Rahmen allgemeiner Richtlinien und Anweisungen bewegen und praktisch zur Routine werden, lassen sie sich auf den Computer übertragen. Die grundsätzlichen Entscheidungen können jedoch der Unternehmensleitung niemals abgenommen werden. Die Wahl zwischen den aufgezeigten Alternativen hat immer sie selbst zu treffen.

4. Verringerung der Übergangshärten

Aus der Darlegung der bisher geschilderten Zusammenhänge dürfte klar geworden sein, daß die auf dem technologischen Wandel und der Automatisierung beruhenden quantitativen sektoralen Verschiebungen zeitlich so allmählich erfolgen und weiterhin erfolgen werden, daß schwerwiegende Reibungen nicht zu erwarten sind. Voraussetzung hierfür bleibt jedoch die Aufrechterhaltung eines stetigen Wirtschaftswachstums sowie eine den sich ändernden Anforderungen angepaßte geeignete Berufsausbildung. Dennoch können einzelne Härtefälle im Zuge der Rationalisierung auch in einer vollbeschäftigten Wirtschaft in Erscheinung treten, wenngleich sie durch das im Vergleich zu anderen Ländern in der Bundesrepublik bestehende fortschrittliche System der sozialen Sicherung weitgehend eingegrenzt sind.

Ein anforderungsgerechtes Bildungs- und Berufsausbildungswesen hat dabei der Tatsache Rechnung zu tragen, daß die durch die hochmechanisierten Anlagen gestellten Arbeitsanforderungen den Tätigkeitsinhalten und Qualifikationsmerkmalen der herkömmlichen Berufsbilder vielfach nicht mehr entsprechen. Von wissenschaftlicher Seite wird an die der technischen Weiterentwicklung Rechnung tragende Ausbildung die Forderung nach größerer Durchlässigkeit zwischen den verschiedenen Tätigkeitsbereichen gestellt. Schließlich werde von dem arbeitenden Menschen in Zukunft verlangt werden, daß er während seines Arbeitslebens unterschiedliche Aufgaben sowohl auf gleichem als auch auf höherem Anforderungsniveau zu übernehmen habe. Hierbei räumt man dem System der Stufenausbildung maßgebliche Chancen ein.

Die Hauptaufgabe der zukunftsbezogenen Komponente in der Erstausbildung sollte nach Meinung der Experten somit sein, die Bereitschaft für ein lebenslanges Weiterlernen zu bilden und die Fähigkeiten dazu zu entwickeln. Wenn die Ausbildung insgesamt auf die Erfordernisse der Zukunft hin geordnet wird, dürfte tatsächlich die Umschulung herkömmlicher Art, durch die eine neue in sich abgeschlossene Ausbildung in einem anderen Beruf vermittelt wird, zunehmend an Bedeutung verlieren. An ihre Stelle würde dann im Bedarfsfalle allenfalls eine kurzfristige Zusatzausbildung treten, quasi aufgepropft auf ein vergleichsweise breiteres Wissensfundament. Zunehmend muß das Ziel der künftigen Berufsausbildung daher in einer breiteren Grundausbildung liegen, die nach Bedarf in eine Spezialisierung einmünden kann.

Was die wirtschaftspolitische Verantwortung des Staates angeht, so kann man insgesamt zu dem Schluß kommen, daß bei uns die Anpassungsprobleme in der Vergangenheit recht gut bewältigt wurden. Die bereits in anderem Zusammenhang erwähnte vergleichsweise niedrige Arbeitslosenquote in der Bundesrepublik ist in der Tat das Ergebnis einer im Grunde erfolgreichen Arbeitsmarktpolitik. Darüber hinaus wird es aber in Zukunft mehr und mehr zur Aufgabe des Staates gehören müssen, Wissenschaft und Forschung so zu fördern, daß sie das Wirtschaftswachstum positiv beeinflussen und auf diese Weise den tendenziellen Mangel an Arbeitskräften ausgleichen. Insgesamt besteht also die Aufgabe des Staates darin, die Maßnahmen der Konjunktur-, Wettbewerbs- und Strukturpolitik in Einklang mit dem technischen Fortschritt zu bringen. Einmal sind in diesem Zusammenhang notwendige Anpassungsvorgänge zu beschleunigen, zum anderen eventuell bei der Umsetzung auftretende Härten für die Arbeitskräfte zu mildern. Darüber hinaus hat der Staat im Wege einer vorausschauenden Wirtschaftspolitik für eine von größeren Konjunkturschwankungen freie, möglichst gleichgewichtige gesamtwirtschaftliche Entwicklung Sorge zu tragen. Wo dies nicht gelingt, erhöht sich in wahrhaft unsozialer Weise der Preis, der im Grunde für jeden Fortschritt zu zahlen ist.

Im Vergleich zu anderen Ländern gab es in der Bundesrepublik schon frühzeitig einschlägige gesetzliche Bestimmungen zum Schutz der Arbeitnehmer vor Arbeitslosigkeit. Sie sind im Lauf der letzten Jahre weiter verbessert und zudem durch Maßnahmen ergänzt worden, die auch hier folgerichtig der Vorbeugung vor sozialen Härten den Vorzug geben (Grundsatz Verhütung v o r Vergütung der Arbeitslosigkeit!). So trat 1969 das Berufsausbildungsgesetz in Kraft, welches die bisher verstreuten Bestimmungen über die Berufsausbildung auf eine gemeinsame Grundlage stellt und Form und Inhalt von Ausbildungsverträgen in anerkannten Ausbildungsberufen regelt. Zu fundierteren Kenntnissen über den Wandel in Berufen und den Konsequenzen für das Ausbildungswesen verhelfen ferner eigene Institute für Berufsforschung.

Überhaupt ist die Verwandtschaft des Berufsausbildungsgesetzes mit dem im gleichen Jahr verabschiedeten Arbeitsförderungsgesetz unverkennbar. Beide haben sich zur Aufgabe gestellt, die sozialen Startchancen nicht nur formell, sondern auch materiell zu sichern und die berufliche Qualifikation wie auch den allgemeinen Bildungsstandard zu heben.

An erster Stelle der im Arbeitsförderungsgesetz genannten Aufgaben steht die Berufsberatung, zu der als neuer Bereich die Arbeitsberatung hinzukommt und damit das Schwergewicht der Tätigkeit von der materiellen Sicherung der Arbeitslosen auf die Erhaltung der Vollbeschäftigung verlagert. Diese Beratungstätigkeit wird durch die Gewährung von Leistungen zur Arbeits- und Berufsförderung auch finanziell unterstützt. Institutionelle und individuelle Maßnahmen geben jedem die Chance zur Ausbildung in geeigneten Berufen, zur Fortbildung und gegebenenfalls zur Umschulung, zur Leistungsförderung oder zur Anpassung an die veränderten Verhältnisse infolge des technischen Fortschritts. Das Gesetz enthält Vorschriften über Eingliederungsbeihilfen für schwer zu vermittelnde Arbeitslose, finanzielle Anreize für die Beschäftigung älterer und behinderter Arbeitnehmer, Zuschüsse zu Bewerbungs-, Umzugs- und Reisekosten, Arbeitsausrüstung, Trennungs- und Überbrückungsbeihilfen sowie sonstige Maßnahmen. Erwähnenswert ist auch die vor einiger Zeit erfolgte Verbesserung des Kündigungsschutzes, wobei besonders die Dauer der Betriebszugehörigkeit und das Lebensalter Maßstäbe für eine verstärkte Absicherung bilden. Ferner hat die Bundesregierung bereits Anfang 1968 einen einschlägigen Arbeitskreis ins Leben gerufen, dem Vertreter von Arbeitnehmern und

Arbeitgebern sowie Wissenschaftler angehören und welcher im vergangenen Jahr in eine „Kommission für wirtschaftlichen und sozialen Wandel" überführt wurde. Diese Kommission hat die Aufgabe, die im Zusammenhang mit dem technischen Fortschritt aufgetretenen wirtschaftlichen und sozialen Fragen zu untersuchen und in einem dem Bundestag zuzuleitenden Gutachten darzustellen.

Obwohl viele der auf die Rationalisierung aus Wettbewerbs- oder gar Überlebensgründen angewiesenen Unternehmen nicht in der Lage sind, zu den ohnehin schon hohen Kapitalaufwendungen für die neuen Betriebsmittel erhöhte Belastungen zur Sicherung des sozialen Besitzstandes ihrer Mitarbeiter finanziell zu verkraften, und dies hauptsächlich (wie inzwischen auch weitgehend geschehen) zum Aufgabenbereich von Sozialversicherung und Arbeitsverwaltung gehört, haben die Gewerkschaften schon vor Jahren entsprechende Forderungen an die Unternehmen gestellt. In der Tat können zu hohe finanzielle Belastungen durch soziale Folgekosten die Unternehmen von der Rationalisierung abschrecken und daher mittelfristig die Arbeitsplätze der Gesamtbelegschaft gefährden. Aus diesen Gründen ist die Arbeitsverwaltung, die ja aus den Beiträgen der Arbeitnehmer und der Arbeitgeber gemeinsam finanziert wird, eher geeignet, die entsprechenden Maßnahmen zur Vorbereitung der Umsetzung von Arbeitskräften zu ergreifen. Wie bereits ausgeführt, wurde denn auch dieser Weg seit einiger Zeit und mit inzwischen verbesserten Bestimmungen mit Erfolg beschritten. Den Gewerkschaften ist es darüber hinaus aber gelungen, auf tarifvertraglicher Ebene in einer Reihe von Bereichen sogenannte Rationalisierungsschutzabkommen mit den Arbeitgebern abzuschließen. Gegenstand solcher Schutzabkommen sind im allgemeinen:

● Abgestufte Lohnsicherung bei betrieblicher Umsetzung und Arbeitsplatzveränderung;
● Arbeitsplatzsicherung durch erweiterten Kündigungsschutz;
● Gewährung von Übergangsbeihilfen und Abfindungen bei unvermeidlichen Entlassungen;
● finanzielle Hilfen bei notwendigen beruflichen Umschulungen;
● Schutz vor Rentenverlust.

Viele Abkommen — das ist begrüßenswert — nehmen sich besonders des Schutzes der älteren Arbeitnehmer an. Ihnen muß bei technologischen Umstellungen auch am vordringlichsten geholfen werden, da sie naturgemäß über ein vergleichsweise geringes Anpassungsvermögen verfügen. Ferner sind diejenigen Abkommen besonders positiv zu bewerten, welche sich nicht in Abfindungen und Ausgleichszahlungen erschöpfen, sondern durch Umschulungsmaßnahmen an die Wurzel des Problems herangehen. Es ist langfristig für alle Beteiligten und die Allgemeinheit besser und billiger, zwei Mark für produktive Umschulungsmaßnahmen auszugeben, als eine Mark für reine Abfindungen.

Trotz aller staatlichen und tarifvertraglichen Maßnahmen kommt es aber in entscheidender Weise darauf an, dem Arbeitnehmer die Scheu vor der Zukunft und vor den technologischen Wandlungen zu nehmen, ihn für sie aufgeschlossen zu machen und von der Notwendigkeit der permanenten Lernbereitschaft zu überzeugen. Die Unternehmen tun daher gut daran, die Mitarbeiter eingehend über das, was sie vorhaben, zu orientieren. Wesentliche Umstellungen in der Arbeitstechnik und im Arbeitsablauf bringen vielfach grundlegende Veränderungen in dem heute zum Lebensraum gewordenen Betrieb mit sich, so daß man empfindliche Rückwirkungen auf das betriebliche Zusammenleben nur vermeiden kann, wenn man die Mitarbeiter entsprechend und rechtzeitig informiert. Viele Unternehmen haben von sich aus hier schon

Vorbildliches geleistet, zumal die Ausrichtung unseres Ausbildungssystems auf die vom technischen Fortschritt gestellten Anforderungen hin noch nicht schnell genug erfolgt waren oder sind. Eigene Initiativen der Unternehmen waren also vielfach der einzige Ausweg. Daß die Wirtschaft bisher auch ohne besondere staatliche Aktivität eine Fülle von Umstellungen verkraftet hat, zeigt eine kürzlich veröffentlichte Untersuchung des bereits in anderem Zusammenhang erwähnten Instituts für Arbeitsmarkt- und Berufsforschung in Erlangen.

Von den 8,4 Mio. männlichen Erwerbspersonen, die in Berufen mit einer Lehr- und Anlernausbildung tätig waren, kamen immerhin knapp die Hälfte (49,2 %) aus anderen Berufen. Daraus darf allerdings nicht geschlossen werden, daß hier alle Verbindungen zu dem erlernten Beruf unterbrochen wurden. Denn ein Drittel dieser Berufswechsler gab an, daß zwischen ihrer Ausbildung und dem jetzigen Beruf ein Zusammenhang bestehe. Bei ihnen handelt es sich also nicht um eine echte Berufsabkehr, sondern lediglich um einen Übergang in einen zumindest funktional verwandten Beruf. Insgesamt sind bei den Männern, die ausschließlich eine Lehr- oder Anlernausbildung erhalten haben, nach eigener Meinung etwa 65 % in Berufen tätig, die ihrer Ausbildung entsprechen. Dagegen liegt der Satz bei den Absolventen berufsbildender Schulen (z. B. Fach- oder Hochschulen) mit 85 % erheblich höher. Faßt man die Berufe zu Gruppen zusammen, so schwächt sich der Mobilitätsgrad erheblich ab. Bei der größten Gruppe, den industriellen und handwerklichen Berufen, waren im Durchschnitt fast 64 % der Arbeitskräfte ihrer Ausbildung treu geblieben. Kleinere Gruppen, wie die technischen Berufe und die des Gesundheitswesens, weisen sogar eine 100%ige Bleibequote auf. Der technologische Wandel erfordert daher von jedem einzelnen Arbeitnehmer und Unternehmensleiter die Bereitschaft zur ständigen Weiterbildung. Es wird zunehmend darauf ankommen, zu neuen Tätigkeiten und Produktionsrichtungen überzuwechseln, Weiterschulungen zu durchlaufen und auch einen Teil der Freizeit für die Weiterbildung zu verwenden. Nur diese Bereitschaft trägt auch in Zukunft zur Sicherung des Unternehmens und zur Arbeitsplatzgarantie für den einzelnen bei. Allerdings erscheint diesbezüglich das erforderliche Maß an Bewußtseinsbildung noch nicht überall in befriedigendem Maße erreicht zu sein. Nach einer im Jahre 1967 durchgeführten Untersuchung des Arbeitsamtes in Dortmund waren jedenfalls von den befragten Arbeitslosen lediglich knapp 53 % dazu bereit, sich umschulen zu lassen. Auch in Bayern wurde eine ähnliche Reserviertheit der Arbeitnehmer gegenüber notwendigen Umschulungsmaßnahmen festgestellt. Man scheint vor allen Dingen auch wenig geneigt zu sein, den Arbeitsplatz und nötigenfalls den Arbeitsort zu wechseln.

Durch die recht günstigen finanziellen Bedingungen des erwähnten Arbeitsförderungsgesetzes (AFG) von 1969 sind aber die Hemmungen mehr und mehr abgebaut worden. Jedenfalls muß die Arbeitsverwaltung inzwischen ihre Großzügigkeit bei der Antragsbearbeitung etwas zurückschrauben, um die Millionenzuschüsse und Defizite (1971: rund 600 Mio. DM) nicht ins Uferlose wachsen zu lassen.

Zusammenfassend können wir feststellen: Alles in allem und bei nüchterner Betrachtungsweise gibt der technische Fortschritt weder Anlaß zu Furcht noch zu übertriebener Hoffnung. Der technologische Wandel einschließlich der Automatisierung ist nicht mehr, aber auch nicht weniger als eine zwangsläufige wirtschaftliche Notwendigkeit. Höhere Einkommen, kürzere Arbeitszeiten und ehrgeizige Ziele in öffentlichen wie in privaten Bereichen können nur verwirklicht werden, wenn wir uns der Mittel bedienen, die der technische Fortschritt bietet. Nachdem auch künftig mit einer Ausdehnung des Arbeitsvolumens nicht zu rechnen sein und somit der seit Mitte der fünfziger Jahre bestehende Arbeitskräfteengpaß bestehen bleiben wird, bildet der technische Fortschritt die Grundlage einer kontinuierlich zunehmenden als auch veränderten Güter- und Leistungserstellung und somit die Grundvoraussetzung für Wirtschaftswachstum und weiter steigenden Lebensstandard.

Er dient bei richtiger Anwendung der Freiheit und Würde des Menschen, weil er die Voraussetzung für die materielle Wohlstandssteigerung der ganzen Bevölkerung schafft sowie körperlich schwere, unbefriedigende Arbeit und Handlangerdienste auf Maschinen überträgt. Der technische Fortschritt fällt uns jedoch nicht in den Schoß, sondern ist das Ergebnis intensiver Forschungs- und Entwicklungsanstrengungen und umfangreicher Investitionen, die finanziert werden müssen. Hinsichtlich seiner unmittelbaren Auswirkungen auf den Arbeitsplatz stellen sich weniger quantitative als vielmehr qualitative Probleme, die aber durch vorbeugende Maßnahmen, besonders auf dem Gebiet der Berufsausbildung und bei entsprechender Mobilitäts- und Lernbereitschaft des einzelnen zu meistern sind. Der technische Fortschritt und die Automatisierung erfordern Mut, Aufgeschlossenheit und die Bejahung einer im internationalen Wettbewerb stehenden leistungsfähigen Wirtschaft.

V. Literatur

Arbeitsgemeinschaft Deutscher Wirtschaftswissenschaftlicher Forschungsinstitute e.V. (Hrsg.), Wirtschaftlicher und sozialer Wandel durch technischen Fortschritt, Heft 18 der Beihefte für Konjunkturpolitik, Berlin 1971.

Bayerisches Staatsministerium für Arbeit und soziale Fürsorge (Hrsg.), Soziale Probleme der Automation in Bayern, München 1969.

Fürstenberg, Friedrich, Soziologische Aspekte des technischen Fortschritts in der Wirtschaft, in Fürstenberg, Friedrich, Grundbegriffe der Betriebssoziologie, Köln 1964.

Friedrichs, G. (Hrsg.), Automation und technischer Fortschritt in Deutschland und den USA, Frankfurt am Main 1963.

– Automation — Risiko und Chance, Band 1 und 2, Frankfurt am Main 1966.

– Computer und Angestellte, Band 1 und 2, Frankfurt am Main 1971.

Gerteis, M., Automation, ihr Wesen und ihre Bewältigung, Zürich 1964.

Hofmeier, K., Der Fortschritt kostet Geld, Köln 1969.

Ifo-Institut für Wirtschaftsforschung (Hrsg.), Innovation in der Wirtschaft. Referate und Diskussionsbeiträge der Tagung vom 17. bis 19. März 1970, München 1970.

Jüttner-Kramny, L., Zur Bedeutung der Unternehmensgrößen für den technischen Fortschritt, Köln, Berlin, Bonn, München 1970.

Kluge, M., Technischer Fortschritt und Beschäftigung, Köln 1968, Berichte zur Wirtschaftspolitik des Deutschen Industrieinstituts, 2. Jg., Heft 5.

Landwehrmann, F., Industrielle Führung unter fortschreitender Automatisierung, Tübingen 1970.

Pöhl, K. O., Wirtschaftliche und soziale Aspekte des technischen Fortschritts in den USA, Göttingen 1967.

Rationalisierungs-Kuratorium der Deutschen Wirtschaft (RKW) e.V., Wirtschaftliche und soziale Aspekte des technischen Wandels in der Bundesrepublik Deutschland, Band 1, 7 Berichte, Frankfurt am Main 1970.

Verein Deutscher Ingenieure (Hrsg.), Wirtschaftliche und gesellschaftliche Auswirkungen des technischen Fortschritts, Düsseldorf 1971.